Vorwort

Smoothies sind Trend. Klar, sie schmecken ja auch vorzüglich. Doch noch etwas spielt eine wesentliche Rolle: Püriert scheinen Obst und Gemüse dem Organismus weit besser zu bekommen als ausgepresst. Smoothies haben Säften deshalb den Rang als Wellnessdrinks abgelaufen. Denn viele Menschen, die Säfte nicht so gut vertragen, haben mit Smoothies keinerlei Probleme.

Auf den folgenden Seiten stelle ich Ihnen eine ganze Reihe von Smoothies vor, die ich besonders gerne mag. Lassen Sie sich überraschen: Für einen guten Smoothie eignet sich nämlich so ziemlich alles, was Pflanze ist – Obst selbstverständlich, die meisten Gemüsesorten, viele Gewürze und alle Kräuter. Kombiniert mit Milchprodukten wird's gesund, ein paar Flocken, Kekse oder Nüsse machen Ihren Smoothie zum Imbiss, und mit Eiscreme haben Sie auch schon ein Dessert im Glas.

Viel Spaß beim Mixen und guten Appetit beim Schlürfen!

Barbara Rias-Bucher

Inhalt

Barbara Rias-Bucher

Smoothies
für Körper, Geist und Seele

Kompakt-Ratgeber

+ Feine Drinks aus dem Mixer
+ Genuss von schlank bis nahrhaft
+ 51 Rezepte, dazu Tipps und Tricks

Haben Sie Fragen an Barbara Rias-Bucher?
Anregungen zum Buch?
Erfahrungen, die Sie mit anderen teilen möchten?

Nutzen Sie unser Internetforum:
www.mankau-verlag.de

man
kau!

Impressum

Bibliografische Information der Deutschen Nationalbibliothek
Die Deutsche Nationalbibliothek verzeichnet diese Publikation in der
Deutschen Nationalbibliografie; detaillierte bibliografische Daten sind
im Internet über http://dnb.d-nb.de abrufbar.

Barbara Rias-Bucher
Smoothies für Körper, Geist und Seele
Kompakt-Ratgeber
ISBN 978-3-86374-164-8
3. Auflage 2015 (1./2. Aufl. 2014)

Mankau Verlag GmbH
Postfach 13 22, D-82413 Murnau a. Staffelsee
Im Netz: www.mankau-verlag.de
Internetforum: www.mankau-verlag.de/forum

Redaktion: Julia Feldbaum, Augsburg
Endkorrektorat: Susanne Langer M. A., Traunstein
Gestaltung Cover/Umschlag:
Andrea Barth, Guter Punkt GmbH & Co. KG, München
Beratung Cover: Gerhard Albustin, Raum & Form, Winhöring
Layout: X-Design, München
Satz und Gestaltung: Lydia Kühn, Aix-en-Provence, Frankreich

Abbildungen/Fotos: Marc Nicke – fotolia.com (6/7), George Dolgikh – fotolia.com
(13), Peter Atkins – fotolia.com (16), Anyka – fotolia.com (18), dusk – fotolia.com
(21), Jag_cz – fotolia.com (22/23), lunarshines – fotolia.com (25, 43, 68), nataliazak-
harova – fotolia.com (26), Ruslan Olinchuk – fotolia.com (29), Michael Tewes –
fotolia.com (30), vanillaechoes – fotolia.com (33, 82), Inga Nielsen – fotolia.com
(34), jamierogers1 – fotolia.com (36), Wiktory – shutterstock.com (39), Dessie –
fotolia.com (40/41), Maksim Shebeko – fotolia.com (45, 52), DIA – fotolia.com (47),
Boris Ryzhkov – fotolia.com (51, 88), stockcreations – fotolia.com (54, 72, 74), Africa
Studio – fotolia.com (58/59), zoryanchik – fotolia.com (61), Belaya Katerina – fotolia.
com (63), fieryphoenix – fotolia.com (64), teleginatania – fotolia.com (66), mallivan –
fotolia.com (71), dream79 – fotolia.com (77), lily – fotolia.com (78/79), tzidophoto –
fotolia.com (81), kostrez – fotolia.com (84), marysckin – fotolia.com (86), sutsaiy –
fotolia.com (90), emmi – fotolia.com (92)

Druck: Westermann Druck Zwickau GmbH, Zwickau/Sachsen

»Ich bin ein Öko-Buch!«
Das im Innenteil eingesetzte EnviroTop-Recyclingpapier wird ohne zusätzliche Blei-
che, ohne optische Aufheller und ohne Strichauftrag produziert. Es besteht zu 100 %
aus recyceltem Altpapier und entstammt einer CO_2-neutralen Produktion. Das Papier
trägt das Umweltzeichen »Der blaue Engel«.

Hinweis für die Leser:
Die Autorin hat bei der Erstellung dieses Buches Informationen und Ratschläge mit
Sorgfalt recherchiert und geprüft, dennoch erfolgen alle Angaben ohne Gewähr.
Verlag und Autorin können keinerlei Haftung für etwaige Schäden oder Nachteile
übernehmen, die sich aus der praktischen Umsetzung der in diesem Buch vorgestell-
ten Empfehlungen und Rezepte ergeben.

Smoothies,
die gesunden
Frischegaranten

In diesem Kapitel erfahren Sie alles,

was Sie über die feinen Smoothies

wissen müssen.

Flüssiger Gaumenschmaus

Vielleicht hängt unsere Vorliebe für Smoothies mit unseren frühesten Erfahrungen von Genuss zusammen: Unsere erste Nahrung ist flüssig, und sie ist süß. Dann kommt der Möhrenbrei, der wegen des natürlichen Zuckergehalts fast genauso süß schmeckt. Schließlich kriegen wir Brei aus allen möglichen feinen Sachen – ebenfalls oft süß, sicher aber cremig und nahrhaft.

Daran erinnern Smoothies in ihrer Konsistenz zwischen Drink und Mus. Erfunden wurden sie wie so viele kulinarische Hits – denken Sie nur an Muffins, Bagels und Coffee to go – in Amerika. Schon das Wort klingt angenehm in angelsächsischen Ohren: Seide ist »smooth«, eine schöne Haut kann es sein, eine weiche Landung nach anstrengendem Flug oder ein Problem, das sich leicht lösen lässt. Und eben der sämige Drink, dessen Farbe das Auge erfreut, dessen frischer Duft in die Nase steigt und dem Gaumen durch eine ganze Palette von Aromen schmeichelt. Ziemlich hölzern klingt dagegen die offizielle deutsche Bezeichnung »Ganzfruchtgetränk«, obwohl sie ja richtig beschreibt, was ein Smoothie ist: Püree aus ganzen Früchten, das sich durch Zugabe von Flüssigkeit bequem trinken lässt. Smoothies aus Gemüse und/oder Kräutern heißen oft »grüne Smoothies«.
Diese Unterscheidung finden Sie in meinen Rezepten nicht, denn meine Smoothies gehen gewissermaßen

quer durch den Garten: Erstens passen Obst und Gemüse geschmacklich wunderbar zusammen. Zweitens bekommt man durch die Mischung von beidem noch mehr wertvolle Inhaltsstoffe.

INFO

DELIKATE GESUNDHEITSPÄCKCHEN

- Vitamine und Bioaktivstoffe können wir in fein zerkleinerter Form am besten verwerten.
- Vitamine bleiben zum großen Teil erhalten, wenn Sie den Smoothie mit frischen Zutaten mixen und die ganze Portion gleich trinken.
- In vielen Studien hat sich gezeigt, dass Mineralstoffe, die wir essen und trinken, allen Nahrungsergänzungsmitteln in Form von Tabletten, Pulvern und Co. weit überlegen sind.
- Smoothies liefern verdauungsfreundliche Ballaststoffe (siehe Kasten Seite 15), die selbst bei frisch gepressten Säften auf der Strecke bleiben.
- Smoothies sorgen für eine ausgewogene Flüssigkeitsbilanz, weil man für die richtige Konsistenz noch Wasser, Saft oder Tee zugibt.
- Mit Smoothies deckt man ganz leicht den Tagesbedarf an Gemüse und Obst, der von der Deutschen Gesellschaft für Ernährung (DGE) empfohlen wird (»5 am Tag«, siehe Seite 19).

Die Vorbereitung

Das Schöne an Smoothies – mal ganz abgesehen vom tollen Geschmack: Sie sind im Handumdrehen zubereitet und machen kaum Mühe; ein Zwei-Portionen-Smoothie ist in fünf Minuten trinkfertig. Sie müssen nämlich nichts schnippeln und fast nichts schälen. Jedes unbehandelte Obst können Sie mit der Schale verwenden, sogar Zitrusfrüchte, wenn Sie den leicht bitteren Geschmack der Schale mögen. Haben Sie einen leistungsstarken Mixer? Dann müssen Sie Erdbeeren und Johannisbeeren nicht unbedingt abzupfen, und sogar Äpfel und Birnen können Sie mit dem Kerngehäuse pürieren. Nur exotisches Obst wie Bananen, Melonen, Mangos und Papayas muss geschält, Steinobst entsteint und ein großer Kern natürlich entfernt werden. Gemüse wird nur gewaschen, denn die Schalen von Möhren, Rettich oder Gurken, die Kerne von Tomaten und Paprikaschoten stören nicht und steuern sogar Wertvolles bei: Ballaststoffe und Mineralstoffe sitzen bei vielen Pflanzen direkt unter der Schale. Bei Chilischoten entfernen Sie die scharfen Kerne, wenn Sie den Smoothie lieber milder mögen.

TIPP

Kurze Vorarbeit
Für jeden Smoothie die Zutaten grob zerkleinern,
damit das Pürieren dann möglichst rasch geht.

Eiskalt serviert?

Oft heißt es, dass Smoothies nur gekühlt richtig gut schmecken und ihren Frischekick erst dann entwickeln, wenn sie schon fast einem Sorbet gleichen. Dieser Tipp stammt aus dem Erfinderland der Smoothies, den USA, wo zu jedem Kühlschrank ein Eiswürfelbereiter gehört. Sie können Smoothies natürlich gekühlt oder sogar eiskalt trinken. Doch oft ist es dann mit dem Aroma nicht mehr so weit her. Ein guter Smoothie soll ja eine harmonische Kombination verschiedener Aromen sein: Sie schmecken Fruchtsäure und Süße, nehmen unterschiedliche ätherische Öle wahr und spüren oft ein wenig Bitteres, vielleicht auch Scharfes. All das enthalten die Früchte, Gemüse, Gewürze und Kräuter, aus denen Sie Ihren Smoothie mixen. Milchprodukte, Nüsse und sogar Getreide geben weitere Geschmacksnuancen. Genießen kann man diese ganze Palette am besten bei einer Trinktemperatur von etwa zwölf Grad, während im Kühlschrank sechs bis acht Grad herrschen und ein paar Eiswürfel im Glas den Smoothie noch ein bisschen frostiger machen.

Ich mag meine Smoothies am liebsten, wenn sie frisch aus dem Mixer kommen – mit Obst und Gemüse in Zimmertemperatur, aber ohne gekühlte Zutaten oder Eiswürfel. Aber das ist natürlich reine Geschmacksache und hat mit der Qualität der Inhaltsstoffe wenig zu tun. Testen Sie einfach, was Ihnen zusagt. Verträglicher sind Smoothies jedenfalls, wenn man sie nicht zu kalt trinkt.

Die Geräte

Für flüssige und cremige Smoothies mit Obst und/
oder weichem Gemüse eignet sich ein kleiner Hand-
mixer mit zwei unterschiedlich großen Mixbechern am
besten. Auch eine grob zerkleinerte Möhre, Nüsse und
Schokolade lassen sich darin mit den anderen Zutaten
zerkleinern; Portionsmengen von tiefgefrorenen Früchten machen ebenfalls keine Probleme. Auf die gefüllten
Becher schraubt man das Kreuzmesser und setzt es auf
den Motor. Der Becher ist nun so fest verschlossen, dass
nichts auslaufen kann. Trinken können Sie den fertigen
Smoothie ebenfalls gleich aus dem Becher. Oder mit
dem passenden Schraubdeckel wieder verschließen und
als Pausensnack mitnehmen. Kreuzmesser und Becher
sind mit einer Flaschenbürste rasch und leicht gereinigt.
Den großen Mixer brauchen Sie, wenn Sie häufig
Smoothies mit Hartem und Faserreichem mixen wollen:
zum Beispiel größere Mengen von Eiswürfeln, dicke Ana-
nasstücke, rohe Rote Beten, Knollensellerie oder Kohl-
blätter. Mit einer Intervallschaltung können Sie Eis gut
zerkleinern. Oder den Grad des Pürierens besser steuern:
Vielleicht mögen Sie den Smoothie auch mal mit Frucht-
stückchen zum Löffeln.
Der Mix- oder Pürierstab schafft nach meiner Erfahrung
nur ziemlich flüssige Smoothies; besonders gut eignet er
sich für heiße Smoothies. Das Teil lohnt die Anschaffung,
wenn Sie es häufig auch für andere Gerichte verwenden.

Wählen Sie nur ein hochwertiges Gerät, denn preiswerte Pürierstäbe taugen meist nichts.
Zusätzlich brauchen Sie zum Zerkleinern ein hohes, enges Gefäß – am besten mit Ausgießer –, das den Pürierstab gerade eben fasst. In einem weiten Gefäß ist die Füllmenge für einen normalen Smoothie zu gering, und die Messer greifen nicht.

Smoothies – Balsam für die Seele

In der östlichen Heilkunde gab es nie einen Zweifel daran, dass Essen und Trinken unser seelisches Wohlbefinden beeinflussen: Für die Traditionelle Chinesische Medizin, Ayurveda und Makrobiotik ist die richtige Ernährung Basis eines gesunden, erfüllten Lebens. Prinzipiell geht es darum, den individuellen Biorhythmus in Einklang zu bringen mit den Vorgängen in der Natur. Daraus ergibt sich, dass man zum Beispiel Früchte, Gemüse und Kräuter den Jahreszeiten entsprechend verwendet: Kräuter im Frühling, Kirschen im Sommer, Zwetschgen im Herbst, Äpfel im Winter.

Im Westen folgen vegetarische Ernährung und die Vollwertkost-Bewegung diesem Prinzip. Ganzheitliche Heilverfahren wie anthroposophische Medizin, Phytotherapie, Homöopathie und Bachblütentherapie lehren uns, wie entscheidend Pflanzen zur (Re)-Harmonisierung unserer Seele beitragen.

Durch Forschungen zu Bioaktivstoffen in Pflanzen sind nun auch Ernährungsexperten überzeugt: In einem gesunden Körper wohnen ein gesunder Geist und eine fröhliche Seele. Pflanzen helfen dabei, gesund zu bleiben: Passionsfrucht beruhigt die Nerven, ätherische Öle in Kräutern pusten Trübsal weg, Soja enthält Stoffe, die für einen ausgeglichenen Hormonspiegel sorgen. Bitterstoffe in Kräutern pflegen Leber und Darm, Ballaststoffe gehören zu den wichtigsten Substanzen für ein intaktes

Immunsystem. Zitronensaft aktiviert die Entgiftungsenzyme in der Leber. So können Smoothies die Basis für
positive seelische Prozesse schaffen.

In den folgenden Rezeptkapiteln finden Sie Smoothies
für innere Balance mit dem Symbol ☯ gekennzeichnet.
Es sind Smoothies, die im Sommer kühlen, Stoffe für
gute Nerven enthalten, nachts den guten Schlaf und
tagsüber die Leistungsfähigkeit fördern.

INFO

WENN NICHT'S MEHR GEHT ...

Wenn die Verdauung nicht stimmt, ärgern wir uns über die
Fliege an der Wand, sind lustlos und träge. Dagegen gibt
es ein gutes Mittel: Ballaststoffe in Früchten, Gemüse und
Kräutern. Sie beschleunigen den Weg der Nahrung durch
den Darm, sodass wir Schädliches schneller wieder los-
werden. Vor allem aber brauchen unsere Darmbakterien
eine ganze Reihe von Ballaststoffen als Futter. Eine intakte
Bakterienflora pflegt den Darm und hält ihn gesund bis ins
hohe Alter: Die »guten« Bakterien schaffen eine Schutz-
barriere gegen pathogene Erreger und Darmtoxine. Das
heißt, unser Darm ist das zentrale Immunorgan – buch-
stäblich! Ein Verdauungssystem, das gut funktioniert,
schützt vor Infektionen, hilft bei der Aufnahme von Vita-
minen und Mineralstoffen und macht uns fit.

Smoothies – Nahrung für Seele und Geist

Eine wichtige Verbindung zwischen Körper und Geist läuft vermutlich über den Vagusnerv. Neben anderen Funktionen verknüpft er das Nervensystem des Darms mit dem Gehirn. Länger schon weiß man, dass eine Veränderung der Darmflora auch die Emotionen beeinflussen kann. Eine neue Studie aus den USA konnte zeigen, dass zum Beispiel Lebensmittel mit probiotischen Bakterien Veränderungen im Gehirn hervorrufen.

Wie Sie diese Erkenntnisse in den Smoothie kriegen? Ganz einfach: indem Sie probiotische Sauermilchprodukte wählen, die es in jedem Supermarkt zu kaufen gibt. Auch Nüsse sind Brainfood, weil sie eine ganze Menge Eiweiß enthalten. Simpel gesagt: Eiweiß brauchen wir zum Denken, denn unser Gehirn arbeitet nur mit steter Proteinzufuhr. Noch eines ist wichtig für die geistige Tätigkeit: Der Stoffwechsel muss funktionieren. Und je bunter und vielfältiger wir essen und trinken, desto besser. Denn hinter den vielen Farben verbergen sich ja wichtige Substanzen, die wir für den Stoffwechsel brauchen: Vitamine und Mineralstoffe, sekundäre Pflanzenstoffe wie zum Beispiel Karotinoide, die unser Immunsystem stärken: leuchtend gelb in Aprikosen und Möhren, knallrot in roter Paprika und Tomaten.

Körperputz hilft dem Geist

Das machen die Menschen überall auf der Erde seit Jahrtausenden – mit Hilfe von Fasten, Meditation, Atemtherapie und vielen anderen Verfahren. Es ist das Bestreben, die Mischungsverhältnisse in Blut und Gewebe wieder in eine gesunde Balance zu bringen. Deshalb kümmert man sich bei einer Blutreinigungskur vor allem um den Säure-Basen-Haushalt, den Cholesterinspiegel, die Wasserausscheidung über die Nieren und um eine gute Verdauung. Alle Maßnahmen sollen ein Gleichgewicht wieder herstellen, das durch unsere moderne Lebensweise gestört worden ist. Fasten zum Beispiel soll Eiweißreste aus dem Bindegewebe ausscheiden helfen. Schwitzkuren und Saunagänge stärken die Abwehrkraft des Körpers, Löwenzahn fördert die Wasserausscheidung, Rohkost senkt den Cholesterinspiegel und bringt die Verdauung in Schwung. Kuren mit reichlich Obst nähren durch den hohen Gehalt an Pektin eine gesunde Darmflora. Smoothies tragen natürlich zu dieser Reinigung bei, weil sie vorwiegend aus Pflanzen und Sauermilchprodukten bestehen.

In den folgenden Rezeptkapiteln sind diese Rezepte mit dem Symbol 📖 gekennzeichnet. Sie geben rasch Energie, ohne zu belasten, und liefern leicht verdauliches Eiweiß für geistige Arbeit.

Smoothies – Kraftpakete für den Körper

Sicher kennen Sie die »Fünf-am-Tag-Regel« der Deutschen Gesellschaft für Ernährung. Dahinter steckt die wissenschaftlich gesicherte Erkenntnis dessen, was Mütter und Großmütter seit jeher predigen: Gemüse und Obst sind gesund. Und zwar so gesund, sagen uns Experten, dass wir mindestens drei Portionen Gemüse und zwei Portionen Obst täglich essen sollten. Zugrunde liegen Studien, wonach diese Obst- und Gemüsemenge das Risiko für verschiedene Erkrankungen senken kann. Denn Vitamine, Mineralstoffe und sekundäre Pflanzenstoffe in Gemüse und Obst spielen bei der Prävention von Herz- und Kreislaufleiden, Darmerkrankungen und Übergewicht eine Rolle. Smoothies zu sich zu nehmen, ist ein einfacher Weg, für seinen Körper vorzusorgen.

INFO

EINE HANDVOLL GESUNDHEIT

Eine Portion ist die Menge, die man in einer Hand halten kann. Weil das individuell verschieden ist, kriegt man auch genau die Menge, die man braucht. Sehen Sie sich die Rezepte an: Mit einem Glas Smoothie trinken Sie mindestens eine Portion Gesundes.

Was heißt entschlacken?

Den Körper von schädlichen Stoffen befreien, die beim Stoffwechsel entstehen. Um Schlacken im eigentlichen Wortsinn handelt es sich natürlich nicht – schließlich ist der menschliche Organismus nicht mit einem Hütten-werk zu vergleichen. Früher hat man auch Ballaststoffe als Schlacken bezeichnet und für überflüssig gehal-ten; inzwischen weiß man, dass diese unverdaulichen Nahrungsbestandteile einen wesentlichen Beitrag zur Verdauung leisten und das Immunsystem gesund halten.

Heute spricht man oft von Entgiftung – Smoothies dazu sind mit dem Symbol gekennzeichnet.

Schlackenstoffe sind in der Naturheilkunde und alter-nativen Medizin ein Hilfsbegriff für alle an sich lebens-wichtigen Stoffe, die man dann ausscheiden sollte, wenn zuviel davon in Blut und Lymphe kreisen. Beispiel Cholesterin: Wir brauchen es für den Aufbau von Körper-zellen, die Bildung von Hormonen und bestimmten Vita-minen sowie für die Verdauung von Fett in der Nahrung. Bleibt jedoch zu viel LDL-Cholesterin im Körper, kann das den Adern schaden und schlimmstenfalls Herz-Kreislauf-Erkrankungen verursachen.

Wie unterstützen Smoothies die Entgiftung?

▸ Sie regulieren den Säuren-Basen-Haushalt: Unsere moderne Ernährung mit viel Eiweiß (Fleisch, Fisch,

Käse) und mit süßen Sachen ist »sauer«, Obst, Gemüse und Kräuter dagegen sind basisch. Smoothies helfen dem Organismus also, ein gesundes Gleichgewicht herzustellen. Testen Sie es selbst: Ein Smoothie als Aperitif oder Digestif tut richtig gut – vor allem Menschen, die zu Sodbrennen neigen.

- Sie sichern den Nachschub an Vitaminen und Mineralstoffen. Denn beim Entgiften scheidet der Körper ja nicht nur Schädliches aus, sondern verliert auch Nützliches.

- Sie geben dem Organismus die Flüssigkeit, die er beim Entschlacken braucht. Viele Menschen – vor allem Kinder und Senioren – trinken nicht genug. Ein Smoothie zwischendurch löst das Problem.

Rezepte:
Die Aufheller

In diesem Kapitel finden Sie

Gute-Laune-Smoothies mit

lauter Sachen, die fröhlich machen.

Kokos + Zitrone ☯

Der Smoothie gegen Stress: Sahne und Eis stimmen die meisten Menschen fröhlich, reife, süße Bananen sorgen für das »Gute-Laune-Hormon« Serotonin. Kokoswasser – die Flüssigkeit im Inneren frischer, noch grüner Kokosnüsse – mit seinem hohen Kaliumgehalt ist gut für den Blutdruck.

Zutaten für 3 Portionen
1 reife Banane · 200 g Zitroneneiscreme
2 EL Mascarpone · 200 ml Kokoswasser
3 Kugeln Kokosnuss-Eiscreme · 3 EL Sahne

1 Die Banane schälen und in Stücke schneiden. Mit Zitroneneiscreme, Mascarpone und Kokoswasser im Mixer pürieren und in Gläser füllen.

2 Die Eiscremekugeln auf die Portionen setzen und jeweils 1 Esslöffel Sahne draufgeben.

TIPP

Obst als leichte Beigabe
Der Smoothie ist durch Eis, Mascarpone und Sahne sehr gehaltvoll. In Schälchen statt im Becher angerichtet und mit frischen Früchten wie Erdbeeren, Heidelbeeren oder Nektarinenstücken kombiniert, schmeckt er wunderbar als sommerliches Dessert.

Kirsche + Sanddorn ☯

Zutaten für 2 Portionen
250 g Kirschen
100 ml Kirschsaft
2 EL Sanddornsirup (ungesüßt)
100 g Stracciatella-Joghurt
1 Riegel dunkle Schokolade

Die Kirschen waschen, abzupfen und entsteinen. Mit Kirschsaft und Sanddornsirup im Mixer pürieren und in gekühlte Gläser füllen. Den Joghurt mit einem Löffel darauf verteilen. Die Schokolade grob oder fein hacken und die Smoothies damit bestreuen.

Gemüse + Obst 📖

Zutaten für 2 Portionen
1 Orange
1 reife Banane
1 Sharonfrucht
2 Endiviensalatblätter
300 ml Gemüsesaft
1 EL gesalzene Pistazienkerne (geschält)
Cayennepfeffer
etwas frisch geriebene Muskatnuss
2 EL Dickmilch
2 TL zerkleinerte Kräuter

1 Die Orange wie einen Apfel schälen und dabei alle weißen Häutchen entfernen. Banane und Sharonfrucht ebenfalls schälen. Alle Früchte in Stücke schneiden und in den Mixer geben.

2 Die Salatblätter waschen und anschließend grob zerkleinern. Salatblätter zum Obst geben, den Gemüsesaft und die Pistazienkerne hinzufügen und alles miteinander pürieren.

3 Die gemixten Zutaten mit Cayennepfeffer und Muskat abschmecken und in vorbereitete Gläser geben. Anschließend auf jede Portion einen Löffel Dickmilch setzen und mit Kräutern bestreuen.

Kiwi + Banane + Orange 🏋️

In der kalten Jahreszeit braucht man mehr Vitamin C, damit man fit und fröhlich bleibt. Hier ist der Smoothie dazu: Kiwis und Orange enthalten das Anti-Infekt-Vitamin reichlich. Die Banane mildert die Fruchtsäuren, und der Smoothie schmeckt auch ohne zusätzlichen Zucker schön sanft.

Zutaten für 2 Portionen
1 reife, aber nicht braune Banane
2 reife Kiwis · 1 kleine Orange
200 ml Apfelsaft
2 Eiswürfel
4–8 frische Minze- oder Basilikumblättchen

1 Die Banane und die Kiwis schälen und in Stücke schneiden.

2 Die Orange – auch die weiße Haut – schälen. Ebenfalls in Stücke schneiden, dabei eventuell vorhandene Kerne entfernen. Ein paar Scheiben Obst zur Dekoration beiseitelegen.

3 Alle Früchte zusammen mit dem Apfelsaft in den Mixer geben und fein zerkleinern. In Gläser füllen, nach Wunsch pro Portion 1 Eiswürfel hinzufügen und die Smoothies mit den gewaschenen Minzblättchen oder Fruchtscheiben servieren.

TIPP

Im Frühling wachsen zarte junge Brennnesseln. Die Blätter enthalten reichlich Kieselsäure für gesunde Haut, schöne Haare und kräftige Nägel – genau richtig für die Frühjahrskur. Ein paar Blättchen pflücken und gut waschen, damit sie nicht mehr brennen. Mit einem scharfen Messer fein zerkleinert zum Schluss unter den Smoothie mischen.

Sommerfrüchte + Banane 📖

Zutaten für 2 Portionen
4 EL Himbeeren · 1 reifer Pfirsich · 1 reife Banane
200 ml Buttermilch · 100 g Vanilleeiscreme
6–8 Blättchen Zitronenmelisse

1 Die Himbeeren in einer Schüssel mit kaltem Wasser waschen und auf einem Sieb abtropfen lassen. 4 bis 6 Früchte zum Garnieren beiseitelegen. Den Pfirsich waschen, achteln und entsteinen. Die Banane schälen und in Stücke schneiden.

2 Die Früchte mit Buttermilch und Eiscreme im Mixer fein zerkleinern und schlagen, bis der Smoothie schaumig ist. In Gläser füllen, mit den gewaschenen Zitronenmelisse-Blättchen und den restlichen Himbeeren auf Spießchen garnieren.

Pitahaya plus

Zutaten für 2 Portionen
2 Pitahayas mit weißem Fleisch
1 reife Birne · ½ Grapefruit
100 g Erdbeereiscreme · 100 ml Mineralwasser
etwas Zimtpulver

1 Die Pitahayas halbieren, das Fruchtfleisch mit einem Löffel aus den Schalen lösen und in den Mixer geben. Die Birne waschen, vierteln, vom Kerngehäuse befreien und in Stücke schneiden. Die Grapefruit so schälen, dass auch die weiße Haut entfernt wird. In Stücke schneiden.

2 Birne und Grapefruit mit der Eiscreme zu den Pitahayas in den Mixer geben. Das Mineralwasser zufügen und die Früchte pürieren. Die Smoothies in Gläser füllen und mit Zimtpulver bestreuen.

INFO

EXOTENWISSEN

Pitahayas sind Kakteenfrüchte wie Kaktusfeigen, aber viel aromatischer. Gelb- oder rotschalige Früchte mit weißem Fleisch und schwarzen Kernen sind bei uns gut zu bekommen, durchgehend rote Pitahayas finden Sie meist in Spezialgeschäften.

Passionsfrucht + Zitrus ☯

Ein Smoothie zur Beruhigung: Der Saft von Passions-
früchten soll gesunden Schlaf fördern und den Blutdruck
senken. Arzneimittel aus Passionsblumen-Pflanzen werden in der Naturheilkunde gegen Nervosität eingesetzt.

Zutaten für 2 Portionen
4 gelbe (Maracujas) oder rote Passionsfrüchte
1 kleine Bio-Limette · ½ Orange
100 ml beliebiger heller Fruchtsaft

Die Passionsfrüchte halbieren, das Fruchtfleisch mit
einem Löffel aus den Schalen lösen und in den Mixer
geben. Die Limette mit heißem Wasser übergießen,
trockenreiben und in Stücke schneiden, dabei alle Kerne
entfernen. Die Orange so schälen, dass auch die weiße
Haut entfernt wird. Ebenfalls in Stücke schneiden und
mit den anderen Früchten in den Mixer geben. Fruchtsaft zufügen und den Smoothie pürieren.

TIPP

Außen spröde, innen saftig
*Die rote Passionsfrucht muss verschrumpelt und bräunlich
bis schwarzviolett gefärbt sein, damit sie ihr köstliches Aroma mit einem Hauch Aprikose entfaltet. Gelbe Maracujas
schmecken so intensiv wie ein Multivitamin-Drink, sobald
sie gelb wie ein Kanarienvogel und richtig runzelig sind.*

Brombeeren + Kefir + Eiscreme

Brombeeren mit Ballaststoffen und Kefir mit Milchsäure-
bakterien: das beste Futter für eine gesunde Darmflora.

Zutaten für 2 Portionen
200 g Brombeeren · 200 g Kefir
100 g Vanilleeiscreme · 50 ml Orangensaft

1 Die Brombeeren in einer Schüssel mit kaltem Wasser
waschen, auf ein Sieb geben und abtropfen lassen.

2 Kefir, Eiscreme und Orangensaft im Mixer aufschlagen. In Gläser füllen. Etwa ²/₃ der Brombeeren in den
Mixer geben und pürieren. Das Püree auf die Creme in
den Gläsern geben und mit einem Löffel untermischen.
Mit den restlichen Brombeeren garnieren.

Yogi-Tee + Erdnüsse ☯

Downshifting steht neudeutsch für Entspannung. Der passende Smoothie dazu: Erdnüsse für ruhige Nerven, Yogi-Tee mit Ingwer gegen Seelenstress und die Banane für angenehme Süße.

Zutaten für 2 Portionen
1 Beutel Yogi-Tee · 250 ml heiße Milch
1 reife Banane · 2 EL Erdnussmus
2 EL Orangenmarmelade

1 Den Yogi-Tee mit der heißen Milch übergießen und 10 Minuten ziehen lassen. Den Teebeutel herausnehmen und gut ausdrücken.

2 Die Banane schälen und in Stücken in den Mixer geben. Erdnussmus und Yogi-Tee zufügen und den Smoothie pürieren. In Gläser füllen und die Orangenmarmelade mit einem Löffel auf die Portionen setzen.

INFO

WÜRZIGER TRUNK

Der Yogi-Tee – ursprünglich aus den USA – besteht aus einer Gewürzmischung aus Zimt, Kardamom, Ingwer, Nelken und schwarzem Pfeffer. Heute gibt es rund 50 verschiedene Yogi-Tee-Mischungen zu kaufen.

Schoko plus 📖 ☯

Zutaten für 2 Portionen
1 Stück Honigmelone (etwa 400 g) · 100 ml Orangensaft
150 g Grießpudding mit Schokolade (Becher)
2 Kugeln Kokosnuss- oder Zitronen-Eiscreme

Die Melone schälen, von den Kernen befreien und in Stücke schneiden. In den Mixer geben, Orangensaft und Grießpudding zufügen und den Smoothie pürieren. In gekühlte Gläser füllen und auf jede Portion eine Kugel Eiscreme setzen.

Obst + Schokolade ☯

Zutaten für 2 Portionen
100 g süße oder Sauerkirschen
1 Stück Wassermelone (etwa 400 g) · 2 reife Aprikosen
300 ml kalter Rooibos-Tee »Pina Colada« oder grüner Tee
1 Riegel Edelbitter-Schokolade mit Chili (etwa 20 g)

1 Die Kirschen waschen, abzupfen und entsteinen.
Die Melone schälen und in Stücke schneiden, dabei die
Melonenkerne entfernen. Die Aprikosen waschen, entsteinen und vierteln. Alle Früchte mit etwa 200 ml Tee in
den Mixer geben und fein zerkleinern. In Gläser füllen.

2 Die Schokolade mit dem restlichen Tee im Mixer fein
zerkleinern. Langsam auf die Smoothies gießen und
nach Wunsch mit einem Löffel Schlieren ziehen.

INFO

GLÜCKLICHMACHER

Erstens liefert Schokolade rasch verfügbare Energie.
Zweitens schüttet der Körper Insulin aus, wenn wir Süßes
essen. Das wiederum fördert im Gehirn die Umwandlung
der Aminosäure Tryptophan in das Hormon Serotonin.
Und je mehr Serotonin im Körper zirkuliert, desto besser
fühlen wir uns.

Salat + Rettich + Sprossen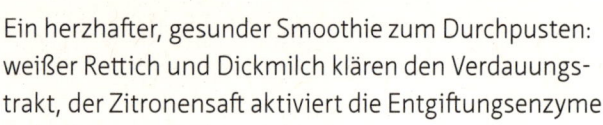

Ein herzhafter, gesunder Smoothie zum Durchpusten:
weißer Rettich und Dickmilch klären den Verdauungs-
trakt, der Zitronensaft aktiviert die Entgiftungsenzyme
in den Organen Leber und Galle.

Zutaten für 2 Portionen
6 Salatblätter
1 Stück weißer Rettich (etwa 100 g)
6 EL Milch
200 g Dickmilch
1 EL Zitronensaft
Salz
frisch gemahlener Pfeffer
1 Prise geriebene Muskatnuss
2 EL Alfalfa-, Radieschen- oder Rettichsprossen

1 Den Salat waschen und trockenschwenken. Den Ret-
tich schälen und in Stücke schneiden. Beide Zutaten mit
Milch, Dickmilch und Zitronensaft im Mixer pürieren.
Mit Salz, Pfeffer und Muskat würzen und in gekühlte
Gläser füllen.

2 Die Sprossen auf einem Sieb gründlich abbrausen,
anschließend mit Küchenpapier trockentupfen und auf
den Smoothies verteilen.

3 Nach Wunsch mit Pfeffer übermahlen.

Rezepte:
Die Schlanken

In diesem Kapitel finden Sie
Smoothies als Fitmacher mit
Obst, Gemüse und Kräutern
zum Entschlacken.

Mango + Erdbeeren

Die Königin der Früchte stärkt unser Immunsystem: Mangos enthalten besonders viel Beta-Karotin.

Zutaten für 3 Portionen
200 g Erdbeeren · 3 EL Erdbeerkonfitüre
1 mittelgroße reife Mango · 1 kleine Orange · 200 g Kefir

1 Die Erdbeeren waschen, trockentupfen und abzupfen. 4 Früchte zum Garnieren halbieren. Die anderen Beeren mit der Konfitüre mit einer Gabel fein zerdrücken.

2 Die Mango waschen, flach in die Hand legen und rundherum bis zum Kern einschneiden. Die Schale an der Oberseite abziehen und das Fruchtfleisch in Schei-

VIELSEITIGER EXOT

INFO

Mangos haben eine fruchtige Süße, einen Hauch von Säure und oft auch ein wenig Harzaroma wie guter griechischer Retsina. Reife Früchte duften kräftig und liegen so angenehm in der Hand wie eine reife Banane. Dickschalige Mangos fühlen sich an wie Wildleder und sollten etwas weich, dünnschalige eher runzelig sein. Braune oder schwarze Flecken auf der Schale können ebenfalls Zeichen für Reife sein.

ben oder Spalten vom Kern schneiden. Mango umdrehen, auf der zweiten Seite schälen und das Fruchtfleisch
ebenfalls abschneiden.

3 Die Orange wie einen Apfel schälen und dabei auch
die weiße Haut entfernen. Frucht würfeln und mit Man-
gostücken und Kefir im Mixer pürieren. Den Smoothie in
Becher füllen.

4 Zum Servieren die Erdbeerhälften im Erdbeerpüree
wenden. Das Püree mit einem Löffel auf die Smoothies
setzen und mit den Erdbeerhälften garnieren.

Ingwer plus

Ein leckerer Smoothie gegen Frust und Frösteln: Ingwer, das Yang-Gewürz, vertreibt die klamme Kälte aus dem Körper und die dunkle Trägheit aus dem Geist. Denn das Prinzip Yang ist verbunden mit Sonne und Tag, mit Frühling und Sommer.

Zutaten für 2 Portionen
1 Stück frischer Ingwer (etwa 100 g)
150 ml Karotte-Sanddornsaft (aus der Flasche)
2 Saftorangen
1 EL bittere Orangenmarmelade
1 Messerspitze Vanillemark

1 Den Ingwer schälen und in Stücke schneiden. Im Karottensaft erhitzen, aber nicht aufkochen. Zugedeckt 10 Minuten ziehen lassen.

2 Die Orangen wie Äpfel schälen und dabei auch die weißen Häute entfernen. Die Früchte in kleine Stücke schneiden, anschließend von den Kernen befreien und in den Mixer geben.

3 Etwa die Hälfte der Ingwerstücke aus der Saftmischung nehmen. Den Saft mit dem Rest des Ingwers zu den Orangen im Mixer gießen. Marmelade und Vanille zufügen und den Smoothie pürieren. In Gläser füllen und warm servieren.

Variante Apfel plus

1 kleinen Apfel waschen, vierteln, nach Wunsch vom Kerngehäuse befreien. Apfel und 1 daumengroßes Stück geschälten frischen Ingwer in den Mixer geben. 200 ml Banane-Vanillesaft (aus der Flasche) und 2 EL Magerjoghurt zugeben und den Smoothie pürieren.

Melone + Aprikose ☯

Ein Smoothie zum Berauschen: am Duft, an der sonnen-
goldenen Farbe und am Geschmack nach Sommer pur!

Zutaten für 3 Portionen
½ reife Galia-, Charentais- oder Ogenmelone
2 reife Aprikosen · 1 Stück frischer Ingwer (etwa 1 cm)
2 Eiswürfel · 200 ml Apfelsaft · 1 EL Limettensaft
1 EL Ahornsirup · Zitronenmelisse zum Garnieren

1 Die Melone halbieren, die Kerne mit dem wattigen
Gewebe mit einem Löffel entfernen. 6 Melonenkü-
gelchen aus dem Fruchtfleisch holen (oder ein Stück
Fruchtfleisch ohne Schale in Würfel schneiden). Die
Melone schälen und in Stücke schneiden. Die Aprikosen
waschen, halbieren und entsteinen. Den Ingwer schälen.

2 Melonenstücke, Aprikosen und Ingwer mit Eiswürfeln, Apfelsaft, Limettensaft und Ahornsirup pürieren. In
gekühlte Gläser füllen. Jeweils zwei Melonenkugeln auf
Zahnstocher spießen. Mit Zitronenmelisse garnieren.

TIPP

Kalter Genuss
*Melonen schmecken gekühlt am besten. Deshalb wird auch
der Smoothie mit Eiswürfeln zubereitet. Wer Alkohol mag,
kann noch mit 1 Esslöffel Rum oder Weinbrand würzen.*

Tomate + Pfirsich

Tomaten und die meisten Obstsorten passen hervorragend zusammen. Das früher als Paradiesäpfel bezeichnete rote Gemüse braucht immer ein bisschen (Frucht-)Zucker als Zusatz, damit die Säure angenehm würzt, aber nicht beißt.

Zutaten für 2 Portionen
2 gelbe Tomaten
oder auch 100 g gelbe Cocktailtomaten
2 kleine Pfirsiche
100 g Joghurt
1 EL Ahornsirup
2 Eiswürfel
2 rote Cocktailtomaten
2 Stängelspitzen Basilikum

1 Die gelben Tomaten und die Pfirsiche waschen und vierteln. Dabei den Stielansatz der Tomaten und die Pfirsichsteine entfernen.

2 Die Viertel mit Joghurt, Ahornsirup und Eiswürfeln im Mixer pürieren und in gekühlte Gläser füllen.

3 Die roten Cocktailtomaten an der Unterseite einschneiden und auf den Rand der Gläser stecken.
Das Basilikum waschen, trockentupfen und auf die Smoothies legen.

Litschis + Grapefruit ☯ 👨‍🍳

Versuchen Sie an einem klammen Wintertag einmal diesen cremigen Smoothie: Sojadrink und Pfeffer wärmen den von der strengen Witterung kühlen Körper, Vanille gilt ohnehin als »warmes Gewürz« und entfaltet durch den fruchtigen Honig ihr feines Aroma.

Zutaten für 2 Portionen
200 g Litschis
1 rosa Grapefruit
100 ml Sojadrink
1 EL Orangenhonig
1 Messerspitze Vanillemark (aus einer frischen Schote)
frisch gemahlener weißer Pfeffer

1 Die Litschis aus den Schalen pulen, die Kerne entfernen und die Früchte in den Mixer geben. Die Grapefruit wie einen Apfel schälen, sodass auch die weiße Haut entfernt wird.

2 Die Frucht in grobe Stücke schneiden und alle Kerne entfernen.

3 Die gestückelte Grapefruit, den Sojadrink und den Orangenhonig zu den geschälten Litschis geben. Alles pürieren, anschließend den Smoothie in Gläser füllen. Auf einem kleinen Teller die Vanille mit etwas Pfeffer mischen und über die Portionen streuen.

Apfel + Banane + Erdbeeren

Zutaten für 2 Portionen
1 kleiner Apfel · 1 reife, aber nicht braune Banane
8–10 Erdbeeren (frisch oder TK) · 200 ml kaltes Wasser

1   Den Apfel waschen und dabei gut abreiben. In Achtel schneiden, das Kerngehäuse entfernen. Die Banane schälen und in Scheiben schneiden. Die frischen Erdbeeren waschen und abzupfen. Tiefgefrorene Früchte sollten etwas angetaut sein. Zur Dekoration ein paar Bananenscheiben und Erdbeeren beiseitelegen.

2   Die anderen Früchte mit dem Wasser in den Mixer geben und fein zerkleinern. In Gläser füllen, nach Wunsch pro Portion 1 Eiswürfel hinzufügen. Mit den Obstscheiben dekorieren.

INFO

AN APPLE A DAY ...

Dass regelmäßiges Apfelessen für gute Gesundheit sorgt, ist mittlerweile Allgemeinwissen. Für Smoothies sind Äpfel geradezu ideal: Sie machen den Drink schön sämig, geben aromatische Säure an süßes Obst und liefern reichlich Ballaststoffe, ohne dass sich ein Völlegefühl einstellt.

Radieschen + Wassermelone 📖

Zutaten für 2 Portionen
6 mittelgroße Radieschen
1 Stück Wassermelone (etwa 150 g)
200 g Kefir · 1 EL zarte Haferflocken
Salz · frisch gemahlener Pfeffer
1 EL frische Radieschensprossen oder
beliebige Kräuterblättchen

Die Radieschen waschen, Stiel- und Blattansätze entfernen. Die Melone schälen, von den Kernen befreien und würfeln. Beide Zutaten mit Kefir und Haferflocken im Mixer pürieren. Smoothie mit Salz und Pfeffer abschmecken, auf Gläser verteilen und mit Sprossen oder Kräutern bestreut servieren.

Feige + Johannisbeere 📖

Zutaten für 2 Portionen
2 reife Feigen · 200 g Johannisbeeren
1 Vanilleschote
250 ml Buttermilch · 4 Eiswürfel
nach Wunsch Honig oder brauner Rohrzucker
2–4 Johannisbeerrispen und Minze

1 Die Feigen waschen, die Stiele abschneiden und die Früchte in Stücke schneiden. Die Johannisbeeren waschen und mit einer Gabel von den Stielchen streifen. Alle Früchte in den Mixer geben.

2 Die Vanilleschote mit einem spitzen Messer der Länge nach aufschneiden, das Mark herauskratzen und zu den Früchten geben. Die Buttermilch und die Eiswürfel zufügen und den Smoothie pürieren. Nach Wunsch mit Honig oder braunem Zucker süßen. Smoothies in gekühlte Gläser füllen, mit Johannisbeerrispen und Minze garnieren.

FEIGE FRÜCHTCHEN

INFO

Unter den vielen Feigengattungen ist es die sogenannte Echte Feige, die die uns bekannten Feigenfrüchte trägt.

Paprika + Rucola

Zutaten für 2 Portionen
2 kleine grüne Paprikaschoten · 1 Handvoll Rucola
150 ml Mineralwasser · 6 Eiswürfel
2 TL weißer Balsamessig · 1 EL natives Olivenöl extra
Salz · Pfeffer

1 Die Paprikaschoten mit einem Sparschäler schälen. Schoten in Stücke schneiden, dabei Stiel und nach Wunsch auch die Kerne entfernen. Rucola waschen, trockentupfen, grob zerkleinern und dabei die harten Stiele entfernen.

2 Paprika und Rucola in den Mixer geben, Mineralwasser, Eiswürfel, Essig und Öl zugeben und den Smoothie pürieren. Mit Salz und Pfeffer würzen.

Sellerie plus 🌿

Dieser leicht süße Smoothie ist ein hervorragender Durstlöscher mit einer ganzen Reihe von Bioaktiv-Stoffen: Sellerie regt den Stoffwechsel an, kombiniert mit Honig soll er sogar den Blutdruck senken. Die gesunden Tomaten stärken das Immunsystem, Ananas unterstützt dank ihrer Enzyme die Verdauung.

Zutaten für 2 Portionen
1 Selleriestange
1 reife Tomate
1 Scheibe frische Ananas (etwa 150 g)
150 g Kefir
100 ml Wasser
1 TL Honig
Salz
2 frische Minze- oder Petersilienzweige

1 Die Selleriestange und die Tomate waschen und in Stücke schneiden, den Stielansatz der Tomate entfernen.

2 Die Ananas schälen und in Stücke schneiden, dabei harte Teile in der Mitte entfernen.

3 Gemüse, Obst und Kefir im Mixer pürieren, während des Mixvorgangs das Wasser zugießen. Den Smoothie mit Salz abschmecken, in Gläser füllen und mit Minze oder Petersilie garnieren.

Kräuter + Joghurt 🧑‍🍳 📖

Ein richtiger grüner Smoothie, bei dessen Herstellung Sie die Kräuter mit den anderen Zutaten ganz einfach pürieren können. Die Mischung schmeckt gekühlt am besten.

Zutaten für 2 Portionen
2 Handvoll Petersilie, Minze, Dill,
Pimpinelle und/oder Rucola
250 g Magerjoghurt
100 ml Mineralwasser
1 EL Crème fraîche
4 Eiswürfel
Salz
frisch gemahlener Pfeffer
1 EL Kürbiskernöl

1 Die Kräuter waschen und trockentupfen. Einige schöne Blättchen abzupfen und zum Garnieren beiseitelegen. Den Rest grob zerkleinern.

2 Den Joghurt mit dem Mineralwasser, der Crème fraîche und den Eiswürfeln im Mixer aufschlagen. Die verschiedenen Kräuter untermischen, anschließend den Smoothie mit Salz, Pfeffer und Kürbiskernöl würzen und alles noch mal richtig durchmixen.

3 In gekühlte Gläser füllen und mit den übrigen Kräuterblättchen schön garnieren.

Spinat + Ei 🌿 📖

Ein kleiner Imbiss, der zur Entschlackungskur passt. Als Beilage schmecken Streifen von Vollkornbrot, die Sie auf dem Toaster kurz anrösten. Wenn Sie es etwas deftiger mögen, bestreichen Sie das Brot mit feiner Butter.

Zutaten für 2 Portionen
1 hart gekochtes Ei
1 EL Schnittlauchröllchen
3 Würfel tiefgefrorener Blattspinat
200 g Magerjoghurt
1 EL saure Sahne
Salz
frisch gemahlener Pfeffer
frisch geriebene Muskatnuss

1 Das gekochte Ei schälen, halbieren und das Eigelb herauslösen.

2 Eiweiß klein würfeln und auf einem kleinen Teller mit dem Schnittlauch mischen. Die Mischung zum Garnieren beiseitestellen.

3 Die tiefgefrorenen Spinatwürfel und das Eigelb mit dem Joghurt und der sauren Sahne im Mixer gut durchpürieren. Mit Salz, Pfeffer und Muskat würzen und in gekühlte Gläser füllen. Die Mischung aus Eiweiß und Schnittlauch auf den Smoothies verteilen.

Rezepte:
Die Nahrhaften

In diesem Kapitel finden Sie lauter

Smoothies zum Satttrinken – mit

gehaltvollen Zutaten.

Erdbeeren plus 📖

Obst, Hafer und Joghurt – eigentlich ein Frühstücks-
müsli, aber als Smoothie auch ein echter Genuss.

Zutaten für 2 Portionen
200 g Erdbeeren · 2 Tomaten
2 Haferkekse (pur oder mit Ingwer)
100 ml Kirschsaft · 150 g Sahnejoghurt

1 Erdbeeren waschen und trockentupfen. 4 schöne
Früchte beiseitelegen, die anderen abzupfen. Tomaten
waschen, vierteln und von den Stielansätzen befreien.

2 Abgezupfte Erdbeeren mit Tomaten, zerbröckelten
Haferkeksen und Kirschsaft im Mixer pürieren. Smoothie
und Joghurt schichtweise mit einem Löffel auf zwei Gläser verteilen. Mit den restlichen Erdbeeren garnieren.

TIPP

Echter Saisongenuss
Erdbeeren sind Sommerfrüchte, obwohl es sie schon im
Frühling zu kaufen gibt. Am besten schmecken sie frisch
und gepflückt vom Feld. Reife Früchte erkennen Sie am
intensiven Duft, während die Farbe sortenabhängig ist und
von orangerot über leuchtend- bis dunkelrot reicht. Zum
Erdbeer-Smoothie passen sommerliche Kräuter als Würze
oder Dekoration: Minze, Zitronenmelisse oder Lavendel.

Johannisbeeren + Grieß

Grieß macht Smoothies sämig. Hier wird er selbst gekocht, aber aus dem Becher schmeckt er ebenso gut.

Zutaten für 2 Portionen
250 ml Milch · je 1 kleines Stück Vanilleschote, Bio-Zitro-nenschale und Zimtstange · ½ EL Weichweizengrieß
150 g Johannisbeeren · 1 EL Honig · 3 Eiswürfel

1   Milch mit Vanilleschote, Zitronenschale und Zimt-stange aufkochen. Den Grieß einrühren und einmal aufkochen. Von der Kochstelle nehmen und zugedeckt 15 Minuten quellen lassen. Zimtstange herausnehmen.

2   Die Johannisbeeren waschen und trockentupfen. Zwei Rispen zum Garnieren beiseitelegen. Den Rest der Beeren mit einer Gabel von den Stielchen streifen. Die Beeren mit der Grießmilch, dem Honig und den Eis-würfeln im Mixer pürieren. Smoothie in gekühlte Gläser füllen und mit Johannisbeeren garnieren.

SAUER MACHT GESUND

INFO

Johannisbeeren enthalten etwa dreimal so viel Vitamin C wie eine Orange. Die Gerbstoffe in den Beeren stoppen Entzündungen in Mund und Darm.

Heidelbeeren + Milchreis 📖

Mit ein paar Vollkornkeksen oder Flocken als Topping schmeckt der Smoothie auch zum Frühstück.

Zutaten für 2 Portionen
200 g Heidelbeeren · 150 g Milchreis (Becher)
300 g Buttermilch oder fettarmer Joghurt (1,5 %)
1 EL Honig · 1 Messerspitze Zimtpulver

1 Die Heidelbeeren in einer Schüssel mit kaltem Wasser waschen, auf ein Sieb abgießen und abtropfen lassen.

2 Etwa zwei Drittel der Beeren mit Milchreis, Buttermilch oder Joghurt und Honig pürieren, mit Zimt würzen und in Gläser füllen. Zum Garnieren Beeren auf Zahnstocher spießen.

Datteln + Sharon + Nüsse

Ein Smoothie für den Winter, wenn es gute frische Datteln und reife Sharonfrüchte gibt. Statt der Nusskerne können Sie auch Nussmus nehmen, dann wird der Smoothie noch cremiger.

Zutaten für 2 Portionen
100 g frische Datteln
1 reife Sharonfrucht
1 EL Erdnusskerne
3 Ingwerkekse
250 ml Orangensaft
Zimtpulver

1 Die Datteln und die Sharonfrucht waschen und trockentupfen. Datteln entkernen, Sharon vom Stiel befreien und würfeln. Die Früchte in den Mixer geben.

2 Erdnüsse und grob zerkleinerte Ingwerkekse zufügen, den Saft zugießen und den Smoothie pürieren. In Gläser füllen und mit etwas Zimt bestreut servieren.

TROCKENFRÜCHTE

INFO

Frisch und getrocknet gelten Datteln als Hilfe bei der Verdauung: zweimal pro Tag sechs Früchte essen.

Weintrauben + Marshmallows

Macht Kinder glücklich und stillt ihren Hunger auf Süßes. Statt Marshmallows passen auch Müslikekse dazu.

Zutaten für 2 Portionen
200 g weiße, kernlose Weintrauben
2 Riegel weiße Schokolade · 250 ml gekühlter Joghurt
½–1 Tasse kaltes Wasser · 2 EL Kokoscreme
4–6 Marshmallows

Die Trauben waschen, abzupfen und mit der grob zerkleinerten Schokolade in den Mixer geben. Joghurt, Wasser und Kokoscreme zufügen und alles pürieren. In Tassen füllen und mit den Marshmallows garnieren.

Heißer Apfel + Salbei

Dieser Smoothie macht an kalten Tagen so richtig fit: wie ein Bratapfel zum Trinken – mit Salbei gegen Husten!

Zutaten für 2 Portionen
2 Äpfel
5 Salbeiblätter
1 EL Butter
2 EL Zimtzucker
200 ml Quittensaft
2 EL Schmant
2 EL Studentenfutter

1 Die Äpfel waschen, achteln und vom Kerngehäuse befreien. Die Salbeiblätter waschen und anschließend trockentupfen.

2 Die Butter in einer kleinen Pfanne erhitzen, die Äpfel und den Salbei darin bei mittlerer Hitze braten, bis die Äpfel leicht gebräunt sind und einen feinen Duft verströmen. Mit der Zimtzuckermischung bestreuen und einige Male richtig durchrühren.

3 Den Quittensaft zufügen und unter Rühren langsam erhitzen. Die Mischung im Mixer pürieren und in Becher füllen. Auf jede Portion 1 Esslöffel Schmant setzen und großzügig mit Studentenfutter bestreuen. Mit einem langen Löffel servieren.

Kokos + Guave 📖

Ein Exoten-Smoothie, den Sie auch als Aperitif servieren können – vielleicht mit weißem Rum gewürzt.

Zutaten für 2 Portionen
2 Guaven (oder 200 g Honigmelonenfleisch)
2 EL Limettensaft · 100 g Kokoscreme · 150 g Joghurt
6 Eiswürfel · Puderzucker und Kakaopulver

1 Guaven waschen, mit einem kleinen Messer wie einen Apfel schälen und halbieren. In Stücke schneiden, mit Limettensaft beträufeln und in den Mixer geben.

2 Kokoscreme, Joghurt und Eiswürfel zufügen und pürieren. Die Smoothies in Becher füllen und ganz dünn mit Puderzucker und Kakaopulver überpudern.

GUAVENKUNDE
INFO

Guaven schmecken süß-säuerlich wie eine Mischung aus Birne, Quitte und Feige. Die apfel- oder birnenförmigen Früchte werden ganzjährig importiert. Kaufen Sie diese am besten in Fachgeschäften für exotisches Obst, denn die Qualität muss stimmen. Reife Guaven strömen einen intensiven Duft aus, den man meterweit riechen kann.

Maulbeeren + Zwetschgen + Minze

Ein dicker, sämiger Smoothie mit feinen Aromen: Maulbeeren vertragen sich hervorragend mit Zitrus und anderen säuerlichen Früchten wie beispielsweise Zwetschgen oder Johannisbeeren.

Zutaten für 2 Portionen
100 g Maulbeeren oder Brombeeren
6 vollreife Zwetschgen
100 ml roter Johannisbeersaft
100 g Sahnejoghurt
4 Eiswürfel
1 EL Zimtzucker
1 Messerspitze Lebkuchengewürz
1 Messerspitze Vanillemark
2 Triebspitzen von Ananas- oder Orangenminze

1 Die Beeren in einer Schüssel mit kaltem Wasser waschen und auf einem Sieb abtropfen lassen. Die Zwetschgen waschen, halbieren, von Stielresten befreien und entsteinen.

2 Alle Früchte mit dem Johannisbeersaft und dem Sahnejoghurt, den Eiswürfeln, dem Zucker, dem Gewürz und der Vanille in den Mixer geben und pürieren. Auf gekühlte Gläser verteilen und mit der Minze garnieren.

Variante Maulbeeren + Eierlikör

100 g gewaschene Maulbeeren, 1 geschälten, entkern-
ten und geviertelten Apfel mit 100 g Erdbeerjoghurt und
4 Eiswürfeln im Mixer pürieren. In gekühlte Gläser füllen
und auf jede Portion 1 EL Eierlikör setzen. Mit Raspel-
schokolade bestreuen.

Banane + Aprikose

Noch nahrhafter: Pro Portion einen Löffel Studentenfutter auf einem Brett mit einem Messer grob hacken und auf den Smoothies verteilen.

Zutaten für 2 Portionen
3 reife Babybananen · 1 reife Aprikose
250 g Dickmilch · 4 Eiswürfel

Die Bananen schälen und in Stücke schneiden, die Aprikose waschen, vierteln und entsteinen. Beide Zutaten mit Dickmilch und Eiswürfeln im Mixer pürieren. Die Smoothies in gekühlte Gläser füllen und nach Wunsch mit Bananenscheibchen garnieren.

Mango + Tomate + Chili ☯

Zutaten für 3 Portionen
1 mittelgroße reife Mango · 1 reife Fleischtomate
4 Eiswürfel · 2 EL saure Sahne
1 Tasse Mineralwasser
1 EL Chili-Ketchup · 2 EL Wasabi-Erdnüsse

1 Die Mango waschen, flach in die Hand legen und rundherum bis zum Kern einschneiden. Die Schale an der Oberseite abziehen und das Fruchtfleisch in Scheiben oder Spalten vom Kern schneiden. Die Mango umdrehen, auf der zweiten Seite schälen und das Fruchtfleisch ebenfalls abschneiden.

2 Die Tomate waschen, in Stücke schneiden und dabei die Stielansätze entfernen. Mango und Tomate mit Eiswürfeln, saurer Sahne und Mineralwasser im Mixer pürieren. Das Chili-Ketchup zugeben und locker untermischen. Die Smoothies in Gläser füllen und mit den Erdnüssen bestreuen.

INFO

LEICHT ZU BEKOMMEN

Mit Wasabi ummantelte Nüsse bekommen Sie heute in fast jedem großem Supermarkt!

Avocado + Orange 📖

Zutaten für 2 Portionen
1 Orange · 1 reife Avocado · 100 g Buttermilch · Salz
frisch gemahlener Pfeffer · frisch geriebene Muskatnuss
2–4 Triebspitzen von Zitronenmelisse

1 Die Orange schälen und dabei die weiße Haut entfernen. Frucht in Stücke schneiden, von Kernen befreien und in den Mixer geben. Die Avocado schälen, den Kern herauslösen und das Fruchtfleisch in Stücken zur Orange geben. Buttermilch zugießen und alles pürieren.

2 Mit Salz, Pfeffer und Muskat abschmecken, auf gut gekühlte Gläser verteilen und mit der Zitronenmelisse garnieren.

Mascarpone + Basilikum + Pinienkerne 📖

Ein üppiger Smoothie, der durch die Pinienkerne und das Basilikum ein wenig an ein mediterranes Pesto erinnert.

Zutaten für 2 Portionen
1 EL Pinienkerne
1 Töpfchen Basilikum
150 g Mascarpone
150 g Joghurt
½–1 Tasse Mineralwasser
6 Eiswürfel
Salz · frisch gemahlener Pfeffer
4 Grissini oder herzhafte Kekse

1 Die Pinienkerne in einer kleinen Pfanne ohne Fett bei schwacher Hitze rösten, bis sie rundherum leicht gebräunt sind. Auf einen Teller geben.

2 Die Basilikumblättchen waschen, trockentupfen und abzupfen.

3 Mascarpone mit Joghurt, Mineralwasser, Eiswürfeln und Basilikum im Mixer pürieren. Smoothie mit Salz und Pfeffer würzen und auf Gläser verteilen. Die Pinienkerne auf die Portionen streuen, Grissini oder Kekse dazu servieren.

Gemüse + Parmesan mit Brotsticks

Ein Sommer-und-Italien-Smoothie mit aromatischem Gemüse. Anstelle der Brotsticks passen auch Grissini.

Zutaten für 4 Portionen
4 reife Tomaten · 2 Minigurken · 1 kleine junge Möhre
1 kleine rote Paprikaschote · 1 milde Chilischote
2 EL grob zerkleinerter Parmesan
1 EL Tomatenmark · 200 ml Orangensaft · Salz
2 Scheiben Toastbrot · 4 EL Olivenöl

1 Die Tomaten waschen, vierteln und von den Stielansätzen befreien. Die Gurken und die Möhre waschen. Eine Gurke zur Dekoration vierteln und beiseitelegen. Die andere mit der Möhre in Stücke schneiden. Paprika und Chilischote waschen, achteln und putzen.

GESUNDE SCHARFMACHER

INFO

Chili kühlt, weil es Feuchtigkeit aus dem Körper treibt. Außerdem wirkt das darin enthaltene Capsaicin gegen Darminfektionen. Dabei spielt es keine Rolle, ob Sie mit Cayennepfeffer, chilischarfen Pasten, frischen oder getrockneten Chilischoten oder mit Peperoni würzen.

2 Das Gemüse mit Parmesan, Tomatenmark und Orangensaft im Mixer pürieren, mit Salz kräftig würzen. In gut gekühlte Gläser füllen und 10 Minuten im Kühlschrank ziehen lassen. Je ein Stück Gurke zur Dekoration ins Glas geben.

3 Inzwischen das Toastbrot in Streifen schneiden und im Olivenöl bei mittlerer Hitze rundherum goldgelb und knusprig braten. Zum Smoothie servieren.

Rezepte:
Die Frischen

Hier entdecken Sie leichte Sommer-

Smoothies mit vitaminreichen Früchten

und viel Flüssigkeit.

Erdbeeren + Eis ☯

Eiscreme macht jeden Smoothie fast schon zum flüssigen Dessert. Wenn Sie einen reinen Durstlöscher wollen, nehmen Sie stattdessen Buttermilch.

Zutaten für 2 Portionen
300 tiefgefrorene Erdbeeren · 2 EL Puderzucker
125 ml Orangensaft · 3 EL Erdbeereiscreme

Die angetauten Erdbeeren mit Puderzucker, Orangensaft und Erdbeereiscreme in den Mixer geben und pürieren. In eisgekühlte hohe Gläser füllen und sofort servieren.

Variante: Tutti-Frutti

300 g Würfel von Pfirsich, Sommerapfel, Birne und Pflaume mit 1 EL Stachelbeeren, 1 EL Schmant und Karottensaft im Mixer pürieren. Mit Vanillezucker und 1 EL Himbeersirup würzen und auf gekühlte Gläser verteilen. Mit Melonenschnitzen garnieren.

ALLERGISCHE FRÜCHTCHEN

INFO

Manche Menschen reagieren auf Erdbeeren mit Juckreiz und Schluckbeschwerden. Auslöser sind bestimmte Säuren, die natürlicherweise in den Kernchen auf den Beeren vorkommen.

Melone + Ananas

Zutaten für 2 Portionen
1 reife Banane
¼ Baby-Ananas
¼ Galia- oder Ogenmelone
1 Tasse kaltes Wasser

Banane, Ananas und Melone schälen und in Stücke schneiden, dabei die Melonenkerne entfernen. Alle Früchte mit dem Wasser in den Mixer geben und fein zerkleinern. In Gläser füllen und nach Wunsch mit Fruchtscheibchen garnieren.

Früchte + Schokolade ☯

Obst und Schokolade ist eine tolle Mischung und ein sinnliches Geschmackserlebnis. Mit der Schärfe der Chilischote ein echter Genuss.

Zutaten für 2 Portionen
3 Nektarinen
3 EL Preiselbeerkompott (Glas)
1 Riegel Edelbitter-Schokolade mit Chili (etwa 20 g)
300 ml kalter Rooibos-Tee »Pina Colada« oder grüner Tee

1 Die Nektarinen waschen, vierteln und entsteinen.

2 Mit Preiselbeerkompott, Schokolade und dem Tee in den Mixer geben und fein zerkleinern.

3 In Gläser füllen und nach Wunsch mit Nektarinen-schnitzen garnieren.

INFO

GESUNDER TEE

Bunte Teemischungen werden immer beliebter, und viele davon eignen sich wunderbar zum Mixen. Der Vorteil des feinen Getränks ist: Tee enthält eine ganze Reihe Bioaktivstoffe, die selbst mit gutem Mineralwasser als Flüssigkeitszugabe fehlen.

Zwetschge + Vanille ☯

Zutaten für 2 Portionen
12 Zwetschgen
4 EL Vanille-Joghurt
1 EL Johannisbeersirup
3 EL Mangomark
1–2 Tassen Wasser
2 Zweige Zitronenmelisse

Die Zwetschgen waschen, halbieren und von den Steinen befreien. Mit Joghurt, Johannisbeersirup, Mangomark und Wasser im Mixer pürieren. In gekühlte Gläser füllen und nach Wunsch mit Zitronenmelisse garnieren.

Ananas + Möhren + Soja

Zutaten für 2 Portionen
½ Baby-Ananas
2 Möhren
250 ml Sojadrink
½ TL Chiliöl
2 TL brauner Roh-Rohrzucker

1 Die Baby-Ananas schälen, die Möhren gründlich waschen. Beide Zutaten in Stücke schneiden. Mit dem Sojadrink im Mixer pürieren und anschließend in hohe eisgekühlte Gläser füllen.

2 Auf jede Portion zum Schluss einen Tropfen Chiliöl träufeln. Die Smoothies mit dem braunen Roh-Rohrzucker bestreut servieren.

INFO

GESUNDE SÜSSE

Roh-Rohrzucker ist gesünder als weißer Zucker: Er gilt als reizhemmend, antibakteriell, harntreibend und blutreinigend. Sobald er sich in Flüssigkeit löst, soll er die Bronchien und Luftröhre bei Verschleimung reinigen, Brustbeschwerden lindern, einen trägen Darm auf Trab bringen, die Haut pflegen und die Nerven beruhigen.

Kirschen + Marzipan 📖 🧑‍🍳

Zutaten für 2 Portionen
100 g Süßkirschen · 100 g Sauerkirschen
100 ml Kirschsaft · 50 g Marzipanrohmasse
100 g Buttermilch · 2 Eiswürfel

Alle Kirschen waschen, abzupfen und entsteinen. Mit dem Kirschsaft, dem grob zerkleinerten Marzipan, der Buttermilch und den Eiswürfeln pürieren. In gekühlte Gläser gießen und sofort servieren.

Papaya + Tomate + Hibiskus

Ein Smoothie, der gut zum Essen passt: Frische Papayas unterstützen die Verdauung von Eiweiß.

Zutaten für 2 Portionen
½ reife Papaya
1 Fleischtomate
250 ml kalter Hibiskustee
2 Stängel Basilikum

1 Die Papayakerne mit einem Löffel herausnehmen und auf einen Teller geben. Die Frucht schälen und in Stücke schneiden. Die Tomate waschen, achteln und vom harten Stielansatz befreien.

2 Papaya und Tomate mit dem Hibiskustee pürieren und in gekühlte Gläser füllen.

3 Basilikum waschen, trockentupfen, die Blättchen abzupfen und fein schneiden. Auf jeden Smoothie ein paar Papayakerne setzen. Das Basilikum darüberstreuen.

TIPP

Essbares Innenleben
Die kleinen, schwarzen Papayakerne können Sie problemlos mitessen; sie schmecken angenehm pfeffrig – ähnlich wie Kresse.

Ananas + Holunderblüten

Den Holunderblütensirup gibt's im Naturkostladen, oder Sie machen ihn im Frühling einfach selbst.

Zutaten für 2 Portionen
1 Baby-Ananas · 2 EL Zitronensaft
2 EL Holunderblütensirup
6 Eiswürfel · 250 ml Mineralwasser

Die Ananas vierteln, schälen und in Stücke schneiden. Mit Zitronensaft, Holunderblütensirup, Eiswürfeln und Mineralwasser im Mixer pürieren. Auf eisgekühlte Gläser verteilen und nach Wunsch mit Ananasscheibchen garnieren.

Kiwi plus

Vitamin-Smoothie und Durstlöscher in einem: Kiwis enthalten reichlich Vitamine, und Gurken sind nach der chinesischen Diätetik kühle Früchte, die dem Organismus dabei helfen, Körpersäfte aufzubauen.

Zutaten für 2 Portionen
2 reife Kiwis · 1 Stück Salatgurke
250 ml Multivitaminsaft (Flasche)
Saft von 1 Limette · 1 EL Honig · 4 Eiswürfel

Die Kiwis schälen und wie die Gurke in Stücke schneiden. Mit Multivitaminsaft, Limettensaft, Honig und Eiswürfeln im Mixer pürieren. In gekühlte Gläser füllen und mit Limettenschale garnieren.

INFO

KIWI-KUNDE

Die Kiwis, die wir hierzulande kaufen können, stammen größtenteils aus Italien, Neuseeland, Chile oder Griechenland, obwohl die Frucht ursprünglich aus China stammt. Seit ein paar Jahren sind auch gelbfleischige Früchte auf dem Markt. Vorsicht bei der Kombination mit Milchprodukten: Rohe Kiwis vertragen sich nicht mit Milch. Die Speisen werden nach kurzer Zeit bitter. Das Milcheiweiß wird von einem Enzym, das die Kiwi enthält, zersetzt.

Erdbeeren + Joghurt 📖 🧑‍🍳

Zutaten für 2 Portionen
300 Erdbeeren · 2 EL Vanillezucker
250 g Trinkjoghurt (ohne Früchte) · 3 EL Sahnejoghurt

Die Erdbeeren waschen, abzupfen und einige Früchte zum Garnieren beiseitelegen. Die anderen Früchte mit dem Vanillezucker und etwa der halben Menge Trinkjoghurt in den Mixer geben und pürieren. Den restlichen Trinkjoghurt mit dem Sahnejoghurt verrühren und etwa die Hälfte davon in eisgekühlte Gläser füllen. Das Erdbeerpüree mit einem Löffel darauf setzen, die restliche Joghurtmischung auf die Erdbeeren geben und mit dem Löffel Schlieren ziehen. Mit den Erdbeeren garnieren.

Himbeeren + Aronia

Zutaten für 2 Portionen
200 g frische Himbeeren
1 kleine Bio-Zitrone
1 EL brauner Roh-Rohrzucker
100 ml Bio-Aronia-Direktsaft (Flasche)
2 TL Crème fraîche

1 Die Himbeeren in einer Schüssel mit kaltem Wasser waschen und auf ein Sieb abgießen. Die Bio-Zitrone mit heißem Wasser übergießen, trockenreiben und mit der Schale in kleine Stücke schneiden. Alle Kerne aus der Frucht entfernen.

2 Die Himbeeren mit der Zitrone, dem Rohrzucker, dem Aroniasaft und den Eiswürfeln im Mixer pürieren und auf gekühlte Gläser verteilen. Auf jede Portion 1 TL Crème fraîche setzen.

INFO

STARK FÜR DIE GESUNDHEIT

Aronia- oder Apfelbeeren gelten als krebshemmendes Obst, weil sie reichlich Anthocyane enthalten. Diese blauen Pflanzenfarbstoffe aus der Gruppe der Flavonoide schützen die Zellen und stärken das Immunsystem.

Wassermelone + Eistee ☯

Den Durst mit Wassermelone löschen und die Entspannung mit grünem Tee fördern: ein Smoothie für schöne Sommertage.

Zutaten für 2 Portionen
500 g Wassermelone · 200 ml kalter grüner Tee
3 Eiswürfel · 1 EL Honig
Zitronenmelisse oder Minze zum Garnieren

Die Melone schälen, die Kerne entfernen und das Fruchtfleisch würfeln. Mit dem grünen Tee, den Eiswürfeln und dem Honig im Mixer pürieren. In gekühlte Gläser füllen und mit Zitronenmelisse oder Minze garnieren.

Möhren + Joghurt 📖

Ein cremiger Smoothie, den Sie auch hervorragend als Vorspeise servieren können: dafür ein Fladenbrot in Streifen schneiden und im Backofen kurz rösten. Warm zum Smoothie reichen.

Zutaten für 2 Portionen
3 junge Möhren
1 Orange
150 g türkischer oder griechischer Joghurt
4 Eiswürfel
100 ml gekühltes Mineralwasser
Salz
½ TL Paprikaflocken (oder 1 Messerspitze Chiliflocken)
4 Stängel Petersilie

1 Die Möhren waschen und in Stücke schneiden. Die Orange schälen und dabei die weiße Haut entfernen. Ebenfalls zerkleinern und mit den Möhren in den Mixer geben.

2 Den Joghurt und die Eiswürfel zufügen und den Smoothie pürieren. Das Mineralwasser unterrühren, den Smoothie mit Salz und Paprika- oder Chiliflocken würzen und in Gläser füllen.

3 Die Petersilie waschen, trockentupfen, zerkleinern und die Smoothies damit garnieren.

Rote Bete + Kresse

Rote Bete ist ein gesunder Vertreter: Aufgrund ihres hohen Gehalts an Folsäure, Eisen, Kalium und Vitamin B gehört sie auf jeden Fall zu einem ausgewogenen Speiseplan. Dank der leicht scharfen Kresse zaubert die Kombination einen erfrischenden Smoothie auf den Tisch!

Zutaten für 2 Portionen
2 gekochte Rote Beten
1 Orange
100 ml Johannisbeersaft
Salz
Cayennepfeffer
150 g Sahnejoghurt
½ Kästchen Kresse

1   Die Roten Beten würfeln. Die Orange wie einen Apfel schälen und dabei die weiße Haut entfernen. In Stücke schneiden und alle Kerne rausnehmen. Rote Bete und Orange in den Mixer geben. Johannisbeersaft zufügen und den Smoothie pürieren. Mit Salz und Cayennepfeffer abschmecken.

2   Die halbe Menge Smoothie auf gekühlte Gläser verteilen. Den Joghurt mit einem Löffel darauf geben. Den restlichen Smoothie langsam auf den Joghurt gießen. Mit einem langen Löffel Schlieren ziehen. Die Kresse abschneiden und die Smoothies damit garnieren.

Register

Unsere Kompakt-Ratgeber

Jörg Spitz / William Grant
Vitamin D
ISBN 978-3-86374-178-5

Barbara Rias-Bucher
Winter-Smoothies
ISBN 978-3-86374-181-5

Li Wu / Jürgen Klitzner
Heiltees
ISBN 978-3-86374-184-6

Weitere lieferbare Titel:

A. Gräfin Wolffskeel
Die 12 Salze des Lebens
978-3-86374-129-7

A. Winter
Abnehmen ist leichter als Zunehmen
978-3-86374-126-6

A. E. Röcker
Heilen mit Bachblüten
978-3-86374-161-7

E. J. Wormer
Hashimoto
978-3-86374-175-4

P. Neumayer/R. Stark
Medizin zum Aufmalen
978-3-86374-132-7

M. Lohmann
Laborwerte verstehen
978-3-86374-158-7